오늘의문학시인선 · 377

아직은 불꽃으로

김흥수 제3시집

오늘의문학사

국립중앙도서관 출판시도서목록(CIP)

아직은 불꽃으로 : 김흥수 시집 / 지은이: 김흥수. -- 대전
: 오늘의문학사, 2016
p. ; cm. -- (오늘의문학시인선 ; 377)

한국문화예술위원회, 충청북도, 충북문화재단의 지역협력
형 사업으로 지원받아 발간되었음
ISBN 978-89-5669-762-8 03810 : ₩9000

한국 현대시[韓國現代詩]

811.7-KDC6
895.715-DDC23 CIP2016015596

아직은 불꽃으로

‖ 自序 ‖

2010년에 두 번째 시집
『당신의 의자』를 선보인 후
오랜만에 내놓는 세 번째 시집입니다.
고향의 안방처럼 따습고 행복했던
글쓰기를 저버리고 엉뚱한 외지에서
얼마나 헤매었는지 모릅니다.

이제는 돌아온 탕아처럼
내가 있어야 할 곳에 있기로 하였습니다.
그동안 틈틈이 써온 시들을 모아
한 권의 시집을 엮게 되어 흘가분합니다.
작은 떨림으로 사람들에게 다가가는
시인이고 싶습니다.

솔직하게 그리운 것을 그립다고
사랑하는 사람을 사랑한다고
목청껏 노래하며 외치고 싶습니다.
사랑하는 모든 분들께
오직 감사할 뿐입니다.
내 영혼을 부르실 그 날까지……

2016년 초여름에
남산을 바라보며
김 홍 수

차례__

自序 5

1부_ 봄이 타는 들녘에서

봄의 발자국 11
봄비를 맞으며 12
4월 어느 날 14
입춘 16
봄의 향연 18
추억 20
술을 마시면 22
겨울편지 24
가발 25
아! 경칩 26
시는 28
출발 30
금강산 32
청년 33
성탄 34
봄이 타는 들녘에서 36
독거노인獨居老人 38

차례_

2부_ 아직은 불꽃으로

한 잎의 낙엽처럼 41
요즈 세상에 42
오월의 향연 44
지휘자를 위하여 45
매화꽃 향기 46
가을 사랑 48
정구공 49
그 집 앞 50
폭설 · 2 52
아프다는 것 · 1 54
아프다는 것 · 2 55
쓰나미 56
새 출발 58
너와 나의 거리 60
탈출 61
겨울연가 62
삼신할머니 63
아직은 불꽃으로 66
병문안 68

차례__

3부_ 비 오는 날의 아침

꽃 배달 71
새해 아침에 72
촛불 하나 74
새벽 미사 76
하루의 시작 78
영성체 80
서품식敍品式 82
겨울나무 84
장례미사 86
분심 퇴치법 88
섬김 · 1 90
안개꽃 91
사제司祭의 손 92
동반자 94
베란다 95
6월 96
안목 항 98
비 오는 날의 아침 100

차례__

4부_ 그리움의 강가에서

어느 독거노인의 고백 105
본당의 날 106
성찬 108
십자가의 길 110
사랑 112
고통 114
푸른 꿈 푸른 희망 116
간구 · 1 117
간구 · 2 118
간구 · 3 119
간구 · 4 120
사과 밭에서 122
길 · 1 124
길 · 2 125
길 · 3 126
폭설 · 3 128
그리움의 강가에서 · 1 130
그리움의 강가에서 · 2 132

▌**작품해설** ‖ 서범석 / 노익장老益壯의 사랑 세계 133

1부

봄이 타는 들녘에서

봄의 발자국

뭔가 성큼 성큼 다가오는
발자국이 있는 것 같은데
도대체 소리는 들리지 않는다.

버들개지 실눈 틔우며
들녘에 아지랑이 꿈을 피우고
겨우내 남루한 입성을 벗어 버리고
상큼한 날개 달아 희망을 낚으려는 듯

싱그러운 시간을 앞에 두고
마냥 설레기만하는
햇병아리들처럼
봄 햇살 아래 모여들고 있다

배움에 허기진 이들
추운 들녘에서 얼지 않고
이제 한데모여 꿈을 피우는
향그러운 새로운 시간들.

오늘은 신입생 오리엔테이션
성큼 커다란 봄의 발자국
소리 없이 들려오는 고동소리
그대여 들리는가

봄비를 맞으며

문득 어느 날
산야를 오르면 안다
봄비는 생명의 물임을
메마른 대지에
온통 초록의 빛깔과
어여쁜 꽃들을 피워내어
생명의 싱싱한 기운이
넘치듯이 흐르고 있음을 안다.

진땀나는 삶에도
초록의 빛깔과 꽃들처럼
화사한 생명의 기운을 불어 넣어
그래서 살고 싶은
그래서 더욱 살고 싶은
그래서 기쁨으로 살고 싶은
그래서 감사함으로 살고 싶은
파릇파릇한 메시지임을 안다.

메마르고 아득한 인간의 마음에
발걸음도 가볍게
싱글 벙글 웃음 짓게 하는
생명의 기운이 온몸으로 스며드는
신비한 감촉
존재하는 모든 것들 위에

그 임께서 사랑의 빗물을
시방 내리고 있음을 안다.

아아!
얼마나 예쁜지
얼마나 찬란한지
얼마나 행복한지

살아있다는 것
존재한다는 것

4월 어느 날

4월의 어느 날
산에 오르면 안다.

4월의 산야에 오르다 보면
그리움 고이 접어 쓸쓸히 웃고 있는 나를 향해
꽃나무들이 저마다 하얀 이빨 드러내어
밝게 웃으며 반긴다.

문득 내리는 봄비는 만발한 꽃잎들을
쏟아내려 냇물은 꽃물 되어 저희들끼리
조잘거리며 내달리고 진초록 꽃밭이 된
산야는 어머니의 품속처럼 나를 부른다.

사랑하는 사람아
메마른 내 가슴에도 봄이 오려는 듯
꽃물이 스며든다.
사랑의 꽃비가 흐른다.

불현듯 은밀하게
새살 돋는 가슴앓이
아직은 스러지지 않은 불씨
숨결 같은 사랑 하나

내 심장에도 꽃이 피는
사랑 하나 찾아들면
그대 위해 살고 싶다
그대 위해 죽고 싶다.

입춘

버릴 것은 다 버리고
서 있는 앙상한 가지들 위에
폭설 한파가 폭탄처럼
떨어지는 겨울도 그 끝은 있었다.
긴긴 겨울 추위에 떨고 있을 때에도
그 분의 손길은 어김없었다.

어느새
솔잎 끝에 햇살이 해맑은 미소로 있고
귀밑머리 스치는 당신의 숨결처럼
바람은 풀려 있었다.

생명 있는 것들의 뿌리나 풀씨들은
새 생명의 잉태를 위해
벌써 잠에서 깨어나
제 생애를 새롭게 걸어가고 있다.

겨울은 고통과 기다림의 계절
겨울의 끝에 선 나무들과 풀뿌리들은
달리기 경주를 앞둔 선수들처럼
수런수런 몸을 풀고 있는 소리가 들린다.

사랑하는 사람아!
우리 삶속의 겨울인

시련과 고통의 순간에도
연초록 새순을 밀어 올리어
아침 식탁에 봄나물 향기로 있자.

혹한 속에서도 입춘은 어김없이
우리 곁을 찾아오듯이

봄의 향연

그대 들리는가
아직은 시린 가슴
3월의 길목
마른 풀잎과 풀뿌리들이
새 생명처럼 꿈틀거리는
저 아우성을

그대 들리는가
겨울 한기에 낙엽처럼
메마른 가슴속 한켠에
봄 햇살처럼 따스한
사랑의 속삭임을

그대 들었는가
유채꽃 만발하고
산수유꽃 피는
노란 웃음소리 터지는
남쪽의 봄소식을

사랑하는 사람아
봄이 내리는 들판에 나가
유치원 신입생 같은
새싹들 잔치

축하의 꽃다발 안고
사랑노래 부르자

추억

머언 옛날
할아버지의 사랑방엔

동네 아이들 책읽는 소리가
문틈 사이로 도란도란 흘러나오고
창밖엔 군불 때는 아궁이의
은은한 불빛이 어른어른 펼쳐지는
앞뜰에
축복인 양 그 해의 가장 아름다운
함박눈이 내렸다.

찬란히 쌓이는 백설의 눈꽃은
온통 축복으로
지상의 생명 있는 것들을 덮어버렸다.
눈 쌓인 앞마당은
순백의 아이들 세상
초롱초롱 빛나는 눈망울 속엔
푸르디푸른 꿈나무들이 자랐다.

아득히 가버린 것 어린 시절 하늘과
아른 아른 오지 않는
보고 싶은 사랑방 아이들은
지금쯤 어떤 세상을 달려가고 있을까?

눈에 넣어도
아프지 않아 하신 할아버지를
세월의 강 언덕에 앉아서

그리움에 젖고 있다
그리움에 젖고 있다.

술을 마시면

마음이 편안한 사람과
술을 마시면 서로의 마음을 기쁘게 한다.
때로는 자신을 새로운 자아로 바꾸어
세상을 새롭게 보게 만든다.

마음이 편안한 사람과
한 잔 두 잔 나누다 보면
세상은 너그러워지고
감성의 깊은 골짜기로 들어가
이 세상이 모두 내 것이요
조그만 가슴이 우주가 된다.

마음이 편안한 사람과
거푸 거푸 마시는 한 잔의 술은
자기가 옭아맨 것을
풀어내어 화합과 용서를 불러오는
마음의 치유약이 된다.

마음이 편안한 사람과
기분 좋을 때 한 잔
서로 나누다 보면 그렇듯 즐거우나
지나치면 중독되고 죄 되는 일
기쁨과 슬픔이 교차하여

적절하면 약이지만 넘치면 독이 되는 일
서로를 사랑하며 마셔야 할 일

마음이 편안한 사람과
기울이는 한 잔의 술
예수님도 술을 마시고 권하신 술
사랑하는 사람과 마시는 한 잔의 술
그 술잔 속에 하늘이 보인다.
그 술잔 속에 천국이 보인다.

겨울편지

지금은 한 겨울
기다리는 계절입니다.

한얀 눈송이
어두운 적막 속으로
살포시 쌓이는 날엔
내 가슴 깊은 곳에서
늘 지병처럼 숨쉬는
그대를 향한 그리움에
하고픈 말 한마디가
더욱 간절해집니다.

내 그리움의 창가에
눈물처럼 내리는 눈은
슬프고 예쁜 상처를 추억하게 합니다.

하얀 눈송이
적막 속으로 흐르는 저녁엔
눈송이처럼 피어오르는 그리움을
더러는 지우고
더러는 못내 아쉬워하며
사랑을 확인하고
한겨울처럼 기다리고픈
마음시린 날입니다.

가발

이 험악한 세상에
본심을 보인다는 것이
때론 위험한 일이어서
가끔은 위장을 하고 싶어진다.

가면놀이 같은 가발을 쓰고
나타난 내 머리를
멋있다고 한다.
다들 좋다고 한다.

가짜가 판치는 세상
어쩌면 가발이
더 자연스러울 테지

한편 재미있지만
내 순정한 가슴과 머리가
가려진다는 것이
조금은 불안하다.
이 재미있고 불안한 가면놀이

아! 경칩

눈 녹은 대지위에
휘도는 싱그런 바람은
봄의 전령인가보다
잠에서 덜 깬 나뭇가지와 풀뿌리 사이로
경칩의 바람은 휘젓고 다니는데
스멀스멀 움틀 준비를 하며 부르는
상큼한 사랑노래로
뒷산이 온통 시끄럽다.

빛 고운 햇살의 미소 닮은
꽃잎 하나 피워 올리듯
아름다운 자태로 오시는
부활하시는 그 분을 맞으려
아지랑이 일렁이는 언덕에 올라
파릇파릇 향긋한 봄나물 캐듯
우리들의 사랑도 캐고 싶다.

살랑대는 바람 따라
일렁이는 들녘에 나가
조잘대는 새소리 물소리 흥에 겨워
꽃망울 터뜨리듯
우리들의 사랑도 꽃피우고 싶다.

사랑하는 사람아
꿈인 듯 생시인 듯 보고픈 목련
환하게 웃고
이산저산 진달래 붉게 타는 봄
우리들의 시린 가슴 활짝 열어
내려주실 행복에 취해
옹달샘 들꽃 같은
웃음 날리자.

싱그러운 바람은
경칩의 향기

시는

시는 영혼의 기쁨이다.
시는 영혼의 노래이다.
시는 신의 선물이다.
시는 인간 말고는 가질 수 없는 것
누구나 시인일 수 있다.
그러나 모두가 시인은 아니다.

시는 머리로 쓰는 게 아니다.
시는 가슴으로 쓰는 것이다.
그게 좀처럼 쉬운 일은 아니다.
나도 내 가슴으로 시를 쓰고 싶다.
시방 나는 이 가슴을 앓고 있다.
내 영혼이 메마른 탓이다.

영원히 메마르지 않는
물길을 찾아야 한다.
목마르지 않는 시의 샘물을 파야한다.
한 우물을 파야한다.
가슴속 금맥을 찾아야 한다.

사랑하는 것과
사랑을 아는 것은 다르다.
금빛에 입맞추는 것과
금빛을 캐어내는 것은 다르다.

영혼의 기쁨을 위하여
나의 시는 잠을 이루지 못한다.

아아
살아서 내가 부르는
영혼의 노래여!

출발

–방송대 입학식을 축하하며

물오른 버들가지를 깃발처럼 흔들며
저 너른 세상 푸르게 일으켜 세우는
봄기운처럼 나아가라.
설레이는 꿈의 출발선에 서 있는 그대들,
출발의 신호탄을 높이 올리며 저 미지의 시간
자유와 지성과 소망의 새 지평이 열리고 있다.

봄기운처럼 나아가라.
그동안 삶의 뒤곁에서 서성이던 젊은 꿈과
한 없이 목마르던 배움에의 갈급함이
마침내 찾아낸 대학이라는 이름의 발원지,
이제 목마르지 않으리니 마음껏 나아가라
탐구의 눈망울을 밝게 뜨고 있는 한 우리 방송대,
이 생명의 옹달샘은 마르지 않으리니
봄기운처럼 나아가라.
하늘이 주신 새 지경을 푸른 초장으로 만들어라.

무릇 삶이란 것도
날마다 새롭게 시작하며 도전하는 역사,
즐겁게 반짝이는 창의와
부지런히 탐구하는 학문연구의 근면함이
날마다 눈부신 희망의 아침을 열어 주리라.
가슴가득 채우는 심호흡으로 이 신생의 시간

자유와, 지성과, 소망과 열정의 옷을 입고
봄기운처럼 나아가라,
지금 시작하는 이 설레이는 출발을
세상 가운데서 푸르게 푸르게 완성하라.

금강산

반세기를 훌쩍 넘긴
이산가족의 고통과 슬픔은
세월의 강으로
자꾸 자꾸 흘러만 가고 있다.

보고 싶어도 볼 수 없고
만나고 싶어도 만날 수 없는
언젠가는 만나야 할 이산가족들
만날 날만 꿈만 꾸고 있다.

꿈에 그리는 통일의 그날에
덩실 덩실 춤추는 기쁨의 그날을
하루에도 몇 번이나 마음은 온통
북한 땅으로 달려가고 있다.

북한 땅을 바라보며
흘려야만 하는 통곡의 눈물은
엄청 커다란 슬픔의 강이 되어
막힌 장벽을 부수고 넘쳐흐르는 날

마침내 그토록 꿈에 그리던
통일이 이루어졌다고
기쁜 소식을 전하는 한 마리
비둘기가 되고 싶다

청년

할아버지라고 부르지 마.
아직 젊거든.

청년이라고 불러주면
크게 보시하는 일임을
사람들은 모른다, 모른다.

인생이란 언제라도
지금부터야
꿈을 먹고 사는 것이 삶인데
누구에게나 아침은 반드시
찾아오는 것인데

청년이란 소릴 듣는 순간이
행복인 걸
사람들은 몰라준다. 몰라준다.

시바타 도요*
그녀에 비하면
나는 어린아이다.

*시바타 도요 : 99세에 첫 시집을 낸 일본의 여류시인

성탄

오늘밤
동정녀가 아들을 낳아
거룩한 어머니가 되시는 밤
허름한 마구간에서 산고의 아픔을 이겨내실 제
하늘의 천사들과 별을 보고 달려온
목동들의 축하노래에
기쁨의 눈물을 철철철 흘리신 이

당신은
그 황홀한 광채와 기쁨을
두렵고 떨리는 가슴으로 담아내실 제
구세주의 어머니 그 얼마나 가슴 벅찬 일인가를,
그 아기로 인해 내밀한 가슴속살을
저며 놓는 슬픔과 눈물의 겨울 산을 넘어야 함도
당신이 낳은 아기로 인해
속 깊이 아셨으리이다.

장차
십자가의 형틀을 부여안고
마지막 피 한 방울까지 다 흘리신
사랑의 그 아드님을 받아 품에 안으신 분
당신은 십자가의 어머니이시지요.
장미꽃의 아름다움
그 이전에 새파란 장미가시

그 슬픔과 기쁨에
거룩히 눈뜨신 분
당신은 순명의 어머니
젊은 어머니

여기
아기예수 잠들어 계시고
하늘과 땅위의 축복과 찬미가
온 누리에 넘치는데
마리아
거룩한 어머니여
이렇듯 놀랍고 거룩한 밤에
이 땅의 잠든 영혼 일깨워 주시고
지치고 마음 추운 당신의 자녀들을
기억해 주소서

봄이 타는 들녘에서

천지사방이
봉싯봉싯 봄꿈 꾸는 어느 봄날
연초록 푸른 물결로 채색된
산마루 재 언덕에 올라앉아
우리는 한바탕 웃음꽃을 피웠다

은빛 물결이
불꽃놀이처럼 흐르는 충주호를
발밑에 두고 쑥이며 냉이를 캐면서
함박 꽃 같은 웃음 날리며 보낸
그 날이 참 좋았다.

한 떨기 순한 꽃망울처럼
고운 눈빛으로 웃는 그대 얼굴에
눈부신 햇살이 비비며 있고
고달픈 세월을 건너는 어린 영혼을
위로하려는 듯 자연은 어머니 품속 같았다.

복숭아 사과 꽃잎들이
푸른 꿈 풍성한 열매를 위하여
한창 열애중인 사이를 시샘하듯
저공비행하는 봄바람이 그 날을 축복하듯
사방에 꽃비를 뿌리었다.

사랑하는 사람아
세월은 순간인 것, 진땀나는 세월의 강가에서
그리던 본향에 닿을 때까지
희망의 끈 놓지 말고 함께 의지 삼고 걸으며
웃음꽃 피워 물고 있자.

가끔은 어머니 품속 같은
자연에 안기어 자연과 하나 되어
한바탕 우리의 생명인 웃음 날리며
참 좋았던 그날처럼 쉬었다 가자.

독거노인獨居老人

오늘도 그는
문을 살짝 열어놓고 기다리고 있다.

"잘 지내셨어요?"
"추운데 수고 많으시네요."

도시락을 전달하며 오가는 수인사에
따뜻한 바람이 일렁인다.

아파트5층 계단을 뒤돌아서
또박 또박 내려오는 발길 뒤엔
노인의 마음도 따라오는 듯
좀처럼 문 닫는 소리가 들리지 않는다.

'랄라 랄라아~ ' 곁에서 함께 걷는
수호천사의 훙얼거림이 들리는 듯
돌아오는 발걸음이 가볍다.

2부

아직은 불꽃으로

한 잎의 낙엽처럼

지난 봄 서둘러 왔던
초록빛 잎새 하나
생애의 한 뜨락에 날이 저물어 가듯
오늘은 마른 잎새로 돌아가는구나

불꽃처럼 피어오르던
초록빛 생명이 언제나 보고 지던
애틋한 그 사랑이
생명처럼 꿈틀거리던 순결의 동산에서

이제는 애환의 그림자를 드리우며
세월 따라 늠실늠실 흘러가듯
허공의 바람처럼 한 잎의 낙엽 되어
생애의 비탈길에서 뒹구는구나

사랑하는 사람아
사람의 사랑이라는 것도
낙엽처럼 생애의 끝 날엔 혼자서 흘러가는 것
본향을 바라보는 잿빛 영혼도 혼자인 것.

바라느니 크신 분의 품안에
혼자 눈감는 것
크신 분의 사랑 안에 한 잎의 낙엽으로
영원히 뒹굴며 꿈꾸는 것이리.

요즘 세상에

속초의 김관실
그는 설악고 16회 동기생
같은 반 단짝이었던
홍모(42세) 친구에게
8-12시간에 걸친 대수술로
간을 주었다. 생명을 준 것이다.
2010. 1. 25일자 이 뉴스를 듣고
코끝이 찡하지 않을 사람 어디 있으랴

요즈음 세상에
이런 우정이 어디 또 있을까
죽을지도 모를 대 수술을
친구의 생명을 위해 내어놓는
그 용기는 어디에서 나왔을까

이런 우정이 갖고 싶다고
되는 일은 아닌 것 결코 쉽지 않은 일,
자기 생명을 버려서까지
친구를 돕는다는 건 이해하기 힘든 일.
참으로 흔치 않은 사랑이다.

예수님의 사랑이
바로 그런 것,
인간을 위해 생명까지도 내어 놓으신

바로 그 사랑이었다.
“벗을 위해 자기 생명을 내 놓는 것
보다 더 큰 사랑은 없다“. 라고 하신
말씀이 생각난다.

나도 갖고 싶다 그런 친구를
나도 되고 싶다 그런 친구가
그런 사랑
그런 우정
요즘 세상에 이런 우정을.

오월의 향연

– 청명축제

연초록 꽃바람이 코끝을 만지고
푸른 꿈 푸른 잎들 푸르게 피어오른다.

여기 삶의 뒤결에서 서성이던 젊은 꿈들
꽃망울처럼 부푼 가슴 황홀하다.

푸른 꿈이 잉태되는 오월의 청명축제
소통과 화합의 한마당 우리들의 잔치
푸른 꿈과 푸른 희망을 노래하라

무릇 꿈과 열정이 있어야 생명이 있나니
금빛 오월의 싱싱한 초록 빛깔처럼
꿈과 소망을 만지며 나아가라

푸른 꿈과 푸른 희망 옷 입고
경쟁의 새 시대 도전하는 역사의 주역으로
우리 모두 푸르게 푸르게 우뚝 서라

꿈과 열정은 우리들의 길,
그 길에, 꿈과 소망과 사랑의 열매
세상 한 가운데서 주렁주렁 열려라.

지휘자를 위하여

아름다운 멜로디 말고
또 이렇게 사람을 통째로
잡아당기는 손이 있다는 것을
나는 오늘 성가대 앞에서 알았다

그는 누구일까
번뜩이는 손을 놀려
사람들을 온전히 잡아당기는
그리고 숨죽이게 하는

아아! 무엇일까
그 신비의 손이여
지휘자여!
우리는 온통
그녀에게 홀리고 있다
자꾸 자꾸 숨죽이고 있다.

매화꽃 향기

연한 바람
만진 자리마다
꽃눈이 슬금슬금 기지개켠다.
검게 빛나는 나뭇가지 사이로
흰 햇살이 웃으며 걸어온다.

산에 오르는 발길엔
봄 꽃 향기가 오솔길 깨우는 소리
계곡은 안개를 길어 올리는데
이미 앞서와 피어오르는
연두 빛 꽃향기는 가슴을 만진다.

흰 이빨 드러내며
여기저기 황홀하게 반기는
질펀한 매화꽃은
어제 밤 꿈속에서 그리던
그녀의 얼굴이다.

아직 덜 핀
팝콘 같은 꽃망울 한줌 품에 안고
들꽃 카페로 내려와서
그리움 한 스픈 매화꽃 몇 잎
띄워 마신다.

끓어오르는 매화꽃 찻잎에는
그리움이 스멀스멀 일어서고
사랑하는 그녀가
향긋한 매화꽃 찻잔 속에서
까르르 웃고 있다.

가을 사랑

앞집 목사님 댁 감나무 꼭대기
홍시감 서너 개

공중의 새들 마음껏 쪼아 먹으라고
남겨둔 그녀의 사랑이 걸려있네,

그녀가 걸어놓은 마음을 읽었는가
눈 오는 날 아침 시린 나무 끝에
이름모를 새 한 마리
주린 배는 채우지 않고
자꾸자꾸 이리저리 머리만 조아리네

나는 그 모습에 홀린 듯
창가에 기대어 허공만 바라보며
가을 사랑에 취한 듯
바라보고만 있네
눈 오는 날 아침에 축복처럼

정구공

젊은 여인의 하얀 젖가슴처럼
말랑말랑 한 것이 만질수록 보드라워.

힘껏 밟아보지만 주눅 들지 않고
터지지 않아 치면 칠수록 높이 날아오른다.

제힘을 다하여 아무리 세게 처내어도
제가 가고 싶은 곳까지만 날아가는,

그 고집, 그 유연성, 오래된 아내처럼
마음껏 껴안고 운동장을 휘젓는다.

맑고 푸른 하늘아래
늘 너와 더불어 뛰노는 동안

사실은 뻘뻘 땀 흘리는
내 젊음이 넘치듯 출렁이고

내 젊은 날의 팽팽한
추억이 뛰어오르고
삶의 기쁨이
가슴 가득히 피어오른다.

그 집 앞

가끔씩
만나면 반가웠고
우리 서로 웃음 날리며
그리움을 털어버릴 때마다
그래 그래 고개를 끄덕이곤 했었지

가끔씩
보고 싶으면 만났고
서로를 고마워하며
좋은 생각 좋은 말을 섞을 때마다
그래 그래 웃음꽃 피워 올리곤 했었지

가끔씩
욕심을 버리고 마음을 비우고
고독을 털어낼 때마다
사랑으로 일치하며 헤어질 땐
그 집에게 늘 축복을 빌어주곤 했었지

한결같은 정성으로
고마움의 꽃술을 달고
기쁨의 꽃 피워 올리던
그녀와의 만남은
더 이상 다가갈 수 없는
내 마음 속 갈피에

피어나는 그리움의 빛깔은
무슨 색깔일까

가끔씩
그 집 앞을 지날 때마다
내달리던 차는
오늘도 어제도 아니 잊고
마냥 멈칫거린다.

폭설 · 2

이른 새벽녘 창밖에는
어둠을 헤치고 하늘의 눈꽃들이
사뿐 사뿐 춤을 추듯 휘날리고 있다.

누가 부르는가 누구의 손짓인가
폭설 속 발목까지 차이는 시린 눈을
밟으며 발걸음은 아침 산으로 향한다.

꽃잎 같은 눈송이의 세례를 머리위에 받으며
사각 사각 빈 가슴을 울리는 저 소리는
누가 부르는 사랑의 속삭임인가.

하늘 먼 곳으로부터 지상에 내리는
영롱한 보석 같은 눈꽃에 취하여
자꾸만 자꾸만 산위를 오른다.

이 장엄한 눈꽃들의 향연
나무들은 온통 흰 눈꽃으로 갈아입고
산 속엔 온통 새하얀 동화의 나라이다.

보이는 것은 모두가 눈꽃뿐인
아름다운 별천지에서 꼭 생각나는 사람
우리에겐 그런 한 사람이 있다.

이 추운 겨울 산이 진짜 아름다운 건
우리에게 그런 한 사람이 있기 때문.

아프다는 것 · 1

어느 날
무릎 관절에 통증이 왔다.
늦으막한 나이에 찾아온 아픔
견딜 수 없는 고통이다.
평소에 자신했던 건강
그런대로 지켜온 자존의 무게
무릎의 통증으로
그것이 얼마나 가벼운 것인가를
그것이 얼마나 한 순간임을
병원에 가면서 알았다.

무릎에 통증이 왔다.
직립으로 걸을 수 없는
불편한 다리
그동안 잘 살아온 한평생
그런대로 지켜온 자존의 실체
무릎의 통증으로
그것이 얼마나 허망한 것인가를
모든 것은 한 순간임을
병원에 가서 알았다.

세월은 건강에
백기를 들려주었다.

아프다는 것 · 2

어느 날
무릎 관절에 통증이 왔다.
평소 이러한 아픔은 처음인데
달갑지 않은 통증에 전전긍긍
건강에 대한 자긍심은
일순간 사라지고 말았다.
투항하는 병사처럼 통증은
나를 병원으로 데리고 갔다.

나만 그럴까
통증의 원인은 무엇일까
아프지 않을 땐
다른 사람에 대한 관심이 없었다.
내가 아파봐야 다른 사람의 아픔도
이해할 수 있겠다.

늦은 나이에 찾아온 무릎 통증
한 통의 메시지가 왔다.
평소 건강에 경고를 내리는
축복의 경고음이다.
자만심을 버리고 겸손하게 살라는
은총의 메시지다.
아픔을 통하여 건강을 주신다.

쓰나미

그럴 수도 있는가 보다.
그럴 수도 있는가 보다.
모두들 할 말을 잃었다.

그녀의 파란 눈빛처럼
늘 반짝이던 은빛 파도가,
아이들 뛰놀던 눈부신 모래밭이
공룡 같은 시커먼 얼굴로
온갖 것들을 집어삼켰다.

창공을 찌르던 매서운 전투기도
위용을 자랑하던 배들도
차들도 장난감처럼
이리저리 처박혀졌다.

어머니도 아기도
아버지도 할아버지도
누나도 친구도
못 잊을 사람들도
얼마인지 모를 착한 목숨들
다 떠내려갔다.

알뜰살뜰 가꾸어 온 삶의 터전이
모두모두 휴지처럼 휩쓸려갔다.

저 캄캄한 파국에
저 무지막지한 재앙에
인간은 자연 앞에 얼마나 무력한가,
인간은 얼마나 티끌 같은 존재인가
오늘 이웃 일본의 불행을 통해서
하늘을 본다.
자신을 깨닫는다.
인간은 다시 인간이 된다.

새 출발

이제
새 희망과 새 출발은 시작되었다.
새로 숨 쉬며 살아있다는
그 환희 그 기쁨
애틋한 피붙이 우리 성당
여기 우리들 사랑이 자라고 있다

부끄러운 한해는
회한과 눈물의 강 저편으로 흐르고
여기 새로운 꿈과 희망이 눈부시다.
새해 첫 시간 첫날에
여기 우리 성당 홈피의
새로운 출발
다시 태어나는 그 기쁨이 있다.
여기 우리들 사랑이 꽃피고 있다.

어두운 기억은 씻어버리고
가라, 주저와 방황의 어제는 가라!
오라. 예수님이 머무시는
안림 동산으로
사랑이 파도처럼 넘실대는
안림 동산으로.

아아, 축복으로 안겨오는 새날의 햇빛
여기 우리의 꿈 우리의 사랑이
출렁이게 하라

너와 나의 거리

너와 나의 사이에서
바람이 불고,
때로는 비가 내리거나,
눈이 내린다.
나와 너의 사이는
멀고도, 가깝다

내가 너를 멀리서
바라보고 있을 즈음
가끔 나는 꿈꾼다.

나와 너의 사이가
어쩌면 동행이란 어깨에 기댄 채
나란히 앉아 서로의 눈빛이
한 곳을 향하여 바라보는
거리가 되는 것을

나와 너의 사이가
초록의 시어가 물결처럼 흐르고
꿈결에도 체온이 느껴지는
거리가 되는 것을
나와 너의 사이에서
또 바람이 불고,
덥거나, 춥다.

탈출

어미 품에서만 자란 병아리였다
평온하던 내 삶에 덮친 어둠의 그림자
태풍 속에 꺾여버린 가난한 내 꿈은
지금 어디에 있는가

내 마음 한 켠에 어둠으로 숨어버린 슬픔은
숙성의 과정을 거쳤는가 씹을수록 슬픔은
신맛 단맛으로 변화되어
온 마음 가득 머물러 있다

오랜 세기말을 우물 속에 갇혀있던 나에게
세월은 희망의 끈을 던져주었다
꺾여 있던 가난한 내 꿈에게
변화의 날개를 달아 주었다

어둠의 터널은 지나가게 마련인가
광명의 하늘이 보인다
이젠 꿈의 손을 부여잡고
세상 밖으로 비상할 일만 남았다

고맙구나
변화를 기다려 준 세월에게
탈출을 기다려 준 세월에게
죽지 않고 살아준 꿈에게

겨울연가

한겨울 어느 날
들녘의 나뭇가지에
함박눈송이가 피었네

포근한 눈송이
한 점 만지는 순간
그것은
가슴시린 눈물이었네.

순백의 눈꽃은
바라만 보아야 하는
금단의 향기로
피어나는 사랑이었네.

사랑하지만
더 이상 가까이 할 수 없는
그대는 눈물이었네
그대는 눈꽃이었네.

삼신할머니

I

조물주가 인간을 지으실 때
구색에 맞게 잘 만드셨다.
손이 한 짝이면 얼마나 불편할까
다리도 한 쪽뿐이면 제대로 다닐 수 도 없을 테고
눈은 잘 보라고 두 개를, 콧구멍은 숨 잘 쉬라고
두 개를 만드신 솜씨가 참 놀랍다. 그런데

II

정월 초하루
아내와 나는 손을 잡고 귀가 중
동트는 새벽길에 높이 걸려있는 시린 달빛을 보며
걷다가 아내는 그만 얼음이 박힌 길에
미끄러져 발목을 다쳤다.
한쪽 발목을 전혀 쓸 수 없게 된 것이다..
의사는 퉁퉁 부은 다리에 기브스를 해주며
한 달은 족히 돼야 걸을 수 있다고 하였다.
아내의 다리는 비교적 굵고 튼튼한 것 같이 보여서
딴은 늘그막에 다리는 굵어야한다고
건강을 자랑하던 아내가 졸지에 방안에서
기어 다닐 수밖에 없는 처량한 신세가 되었다.

달빛을 감상하다가 그만 찰나의 잘못으로
졸지에 걷지도 못하고 방안에서 궁둥이를 끌고

다니는 신세로 전락한 아내를
연민의 정으로 바라본다.
황혼을 바라보는 노년에 이르러
한 달 동안을 괴로워하며 방안에서
기어 다닐 수밖에 없는 아내가 불쌍하다.

III
그동안 건강하고 무탈하게
지나온 세월을 생각하면 속죄해야 할
명백한 옹졸함이 내겐 있다.
나는 이제 남루한 혈관 속에서 영혼을 황폐케 하는
그래서 나이 먹은 분별로도 어쩔 수 없는
감사할 줄 모르는 이 무관심의 공소한 피를
모조리 흘려버려야 할 것을 생각한다.
건강이란 것이 또는 내게 주어진 모든 것이
한 순간 벼랑으로 떨어질 수도 있는 너무나
미약한 존재임을 깨닫는다.
겸손을 일깨워준다.

참으로 숱한 세월을 온전하게 이끌어주시고
사랑해 주시고 건강을 주신 그분께
이제부터는
진정 감사하는 삶을 살아가야 하겠다.
최선의 그분께서

우리를 최선의 길로 이끄시는 그분만을 믿으며
이와 같은 짧은 고통을 통해서
풍성한 은총을 마련하시는 그분을 만나는
큰 축복이 정월초하루에 있었다.

아직은 불꽃으로

산정으로 향하는
한적한 숲길에 이름 모를 멧새들
푸릇푸릇 고요를 깨우며
힘찬 나래로 손짓한다.

갈참나무 가지 끝을 간질이는
햇살은 시방 열애 중이고
마른 풀잎들 몸을 비틀며
꿈틀대는 소리 고요를 적신다.

아 멀리 오르는 산정의 길목에서
내용연수 오래된 심장이
내뿜는 가쁜 숨소리가 숲속 가득
번져나간다.

사랑하는 사람아
둥 둥 둥 봄이 오는 종소리처럼
생명 있는 것들이 빛과 어둠을 뚫고
잉태하는 존재의 끝없는 날갯짓을
보았다 나는

스스로 빚어낸 시간의 찬 몸속
애환의 그림자를 모두모두 털어내어
한 줌 바람으로 날려버리고

푸른 꿈 푸른 숲속에 안겨야 한다.

뜨거운 가슴속 사랑이야기
봄빛이 흐르는 신생의 언덕에서
생명처럼 감사하며 아직은
불꽃으로 타올라야 한다.

병문안

눈물이
앞을 가려 쓸 수 없어요,
사랑이라는 말을

나는 알았어요,
사랑은 주체할 수 없는
눈물인 것임을

나는 알았어요,
사랑은 눈물이며
아픔인 것임을

나는 믿어요,
사랑은 사랑하는 이들의
소망을 저버리지 않을 것임을

웃으세요,
선생님, 저 담 위에 장미꽃들이
사랑처럼 웃고 있어요.

3부

비 오는 날의 아침

꽃 배달

오늘 나는
어르신들께 꽃 배달을 하였다

수소문하여 찾아간 곳,
삭정이 같은 몸 머무는 어르신들 방엔
쓸쓸한 바람만이 휘젓고 있고
유독 성모상과 고상만이 빨간 화로 불처럼
시린 발목을 녹여주고 있었다.

굵은 눈발처럼 외로움이 휘몰아치는
섣달그믐을 앞두고
75세 이상의 어르신들께 집집마다
찾아가 전해드린 것은
눈 속의 매화꽃 같은 신부님 선물이었다.
따뜻함이 철철 넘치는 신부님의 사랑이었다.

'받는 것보다 주는 것이 더 행복한 것'임을
몸소 보여주신 신부님의 사랑과
설날 선물을 받고 가슴 가득 피어난
어르신들의 따뜻한 미소가
어머니의 햇살로
내 가슴에 온종일 피어올랐다.

새해 아침에

살면 살수록 두렵기만 합니다.
살아가면 살아갈수록
씁쓸하고 텅 빈 가슴 불안하기만 합니다.
당신 아니면 한 순간도 살아갈 수 없습니다.
당신 아니면 더 이상 의지할 곳 없습니다.

세상은 자꾸 나를 아프게 하지만
그러나 사람과 삶에 대한 그리움을
포기하지 않겠습니다.
세상의 바람에 흔들리는 것을
두려워하지 않는 아름다운 당신의 꽃으로
피워나고 싶습니다.

바람처럼 좀 더 가벼워지고
마음을 비우면서 살겠습니다.
이웃과의 잘못된 관계를
모두 내 탓으로 돌리며
오히려 그들을 위해서 기도할 줄 아는
삶의 지혜를 주십시오.
상처받은 수많은 아픔들을
당신의 사랑으로 불태워 주십시오.

슬픔에서 기쁨으로
절망에서 희망으로 빛나는

새해 새아침의 시를 쓰고 싶습니다.
새해부터는
어린 시절 고향의 산 같은 마음으로
순수의 물결 속에 삶의 여유를 지니는
그런 사람이고 싶습니다.
어제까지의 눈물과 한숨을
세월의 강 속에 흘려보내고
오직 당신만을 바라보며
늘 감사하는 일에만 충실하겠습니다.
때로는 꿈을 저버리고 방황하는 나에게
당신 사랑의 새 옷을 입혀 주십시오.
당신이 내안에 살고
내가 당신 안에 사는 삶을 희망합니다.
새해 새아침에

촛불 하나

제가 가진 열매에서 가장 튼실한
열매 하나를 봉헌하듯
은혜로이 주신 영원 속 하루
하루라는 오늘의
첫 번째 시간을 봉헌하듯
잠깨기가 무섭게 켜진 촛불 하나

허물뿐인 자존의 실체
순백의 가슴 속에서 피워 올리는
불꽃의 눈물
엷은 바람에도 일렁일렁
흔들리며 타오르는
너는 노을빛 사랑이다.

사람의 사랑이란
제 몸을 태워야 만이 빛이 되는
촛불 같은 것 이윽고 물 흐르듯
불빛은 점점 지워지고
줄어드는 밀납처럼 재도 하나 안 남기고
죽어서도 무덤 없는
너는 고독의 불빛이다.

아 그대 눈망울 속에
촛불이 눈물로 타고

아 그대 촛불을 켜는 마음은
정녕 임에게 올리는 헌신
어둠을 사르고 피는 하늘 꽃 같은
여기 촛불 하나 타고 있다.

새벽 미사

동트기 전
눈 뜨기가 무섭게
서둘러 가는 발걸음이 향하는 곳
맑고 향기로운 생명의 물을
마시러 가는 내 발걸음

동트기 전
하루를 여는
최상의 시간이다
최선의 시간이다
주신 선물의 첫 봉헌이다

예비 되어 있는 당신의 집
임께서 착한 기운을 흩뿌려놓아
저절로 하루를 준비하는
축성의 시간이다
축복의 시간이다.

동트기 전
거룩한 당신의 말씀에
내 마음 고운 옷으로 채비하셔서
은총으로 축복하여
세상 밖으로 내 보내신다

아아
얼마나 복된 성사인가
얼마나 축복된 발걸음인가

하루의 시작

눈뜨면 시작되는
첫 호흡은

하루를 시작하는
첫 시간은

맨 먼저 떠오르는
첫 생각은

제일 먼저 시작하는
첫 걸음은

당신 앞에 앉아서
촛불을 댕기고
당신을 바라보는 일

타오르는 불빛의 맑음은
그리움입니다.
사랑입니다.
감사입니다.
눈물입니다.

타오르는 촛불은
고독과 그리움을 녹이는

햇살입니다.

정녕
행복한 아침입니다.

영성체

아, 이 어인 일입니까
주님께서 티끌만도 못한
저에게 오시다니요

두렵고 눈부신 그 사랑에
제 몸은 봄눈 녹듯 녹아내립니다.
주님 모시는 그 기쁨에
가슴은 붉게 물들고
제 영혼은 한 떨기 백장미입니다.

주님의 한마디 말씀으로
이제 저는
주님께서 머무시는
거룩한 궁전이 되었습니다.

아, 인간에게 베푸시는
이 놀라운 품격
비할 데 없는 끝없는 사랑
아, 이 얼마나 놀라운 일입니까

이 한낱
티끌인 제가
주님의 거룩한 궁전이 되다니요
사랑이신 주님!

당신 사랑으로 저를 새로 나게 하시고
당신 빛으로 제가 당신 궁전임을
정수리에 박아주소서

항상 제안에 당신이 머무르는
거룩한 궁전으로 남게 하시고
그냥 그대로
영원이게 하소서

서품식敍品式

살았지만 죽어있고
죽었지만 살아있는
젊은 피의 봉헌 제전

붉은 제단 앞에 엎드린
꽃처럼 아름다운 순백의 가슴들이
영원으로 눈부시다.

땅에 엎디어 바치는 헌신
이보다 더 간절함이 있을까
이처럼 더 깊은 겸손이 있을까

수십 년간 바쳤을 피눈물을
거둬주시고
임께서 향기로운 장미꽃을
피워주심이여

천사들도 가질 수 없는 품위
예배와 말씀으로
허기진 영혼 먹여 살리시는
그 이름 사제직, 그리스도의 대리자

기름 부어 성별된 거룩한 손

천사들의 나팔소리 온통
하늘과 땅이 흔들린다.
진리와 자유가 아름답게 흔들린다.

겨울나무

겨울나무들은 알고 있었다.

전가의 보도처럼
휘둘러대는 칼바람을 예감하고
한 잎 남김없이 훌훌 털어내고 알몸뚱이로
겨울 들녘에 당당히 서있어야 하는 것임을

하얀 눈 쌓이는 무게만큼은
감당할 가지만을 남긴 채 미리
버릴 것은 다 버릴 줄 아는 삶의 지혜를,

겨울나무들은 알고 있었다.

매서운 칼바람과 해일처럼 휘몰아치는
백색의 눈보라를 온몸으로 받아 안으며
그리움 많은 갈대로 서서
새봄에 잉태할 새 생명을 위하여
내면 깊숙이 꽃 피우는 소망을 잉태하며
겨우내 저렇듯 시린 살갗을 드러내놓고
시퍼런 가지 끝 마디마다 눈꽃을 달고 있다.

사랑하는 사람아!
우리도 삶속에서 살아야 할
기쁨을 위해서는 통과의례처럼 겪어야 하는
고통과 슬픔의 겨울을
시린 살갗 속에서도 저렇듯
가지 끝에 눈꽃을 다는
겨울나무처럼 그리움 같은 것
숯이 된 추억 같은 것에 불을 지피듯
가슴 속에 소망의 촛불 하나씩 켜들고
뜨거운 심장으로 함께 호흡하며
생애의 겨울 산을 힘차게 오르자.

장례미사

말 없는 눈물
도대체 말도 없이 눈물은
왜 흐르는 것일까
갈 곳 없는 눈물은 조용히 입술을 점령한다.
콧물마저 시샘하듯 입으로 들어온다.

제대 앞에서 시선을 의식해야 하는 복사
눈시울은 따갑고 얼굴은 붉어 오르는데
손 쓸 방법이 없다.
눈물과 콧물의 발원지는 같은 곳일 터
그 순정한 영혼의 빛깔은 어떤 것일까?

애틋한 기도의 물결로
천상을 향한 경계의 길목
고통과 위로와 기쁨의 교차지
울 듯 한 얼굴, 고삐 풀린 마음
산란히 촛불처럼 흔들린다.

아주 머언 옛날
아버지, 아버지의 아버지
어머니, 어머니의 어머니
그리고 어머니 대신 어린 외아들을
길러준 누나를 떠나보낼 때
일찍이 흘린 눈물 너무 많아

눈물샘이 말라버린 줄 알았는데

이제 늦은 황혼의 나이에
함께 살아야 할 사랑하는 이를
사랑하는 그 분에게 떠나보내는
슬픔의 강 언덕에서
눈물샘은 아직도 강물처럼
흐르고 있었다.
생명의 샘은 철철 흐르고 있었다.
슬프고 기쁜 물길로

분심 퇴치법

나는 오늘도 가슴이 아프다.
실상 내 몸 안의 내 마음인데
마음은 어쩌자고 분심이 드는가

간절히 기도하는
사람의 두 손을 닮은 꽃봉오리
같은 마음이길,
기쁘고 감사한 그 속마음의
꽃향기가 피어올라
하늘높이 상달되기를
그토록 간구하건만
너는 어쩌자고 내마음속 갈피를
휘젓고 다니는가

순정한 사랑과 감사로
간구하는 기도의 중심에
얄밉게도 분심으로 휘젓는 너는
분명 심술궂은 마귀이다.
요상한 마귀의 퇴치는
사람의 힘으로는 극히 어려운 법

나는 오늘도 이렇게 외친다.
'요상한 마귀야
예수그리스도의 이름으로 명령한다.

썩 물러가라,
썩 물러가라.
순정한 내 마음에서 썩 물러가라'

연초록 푸른 하늘이
가슴을 적신다.

섬김 · 1

한 아이가 종을 친다.
둥둥, 작고 굵은 꼬리긴 울림은
닫힌 자녀들 가슴속을
헤집고 다니기에 바쁘다.

이 거룩한 미사성제
자녀들 굶주린 배를 채우시려고
밥이 되어 오시는 주님의 행차
이 비할 데 없이 거룩한 순간을 알리는
물결치는 종소리는 멈출 줄 모른다.

당신 자신을
제물로 내어놓는 성찬전례
꼭 있어야 하는 행사 도우미다 너는
이 얼마나 가슴 벅찬 일인가
제단 옆에 서 있는
너의 발은 얼마나 아름다운가

가까이서 아주 가까이서
성찬에 참여하다니! 그분을 뵙다니!
그 기쁨은 아무나 가질 수 없는 축복.
죽은 후에도 가지고 가야할 직무
그 이름 복사

안개꽃

우리가 처음 만나던 그때에도
오랜 지기인 양 넉넉한 반가움으로
그녀의 얼굴엔 낮꽃이 피었었지

엄마의 젖가슴처럼
따뜻한 그녀는 언제나 반듯하고
후덕한 향기를 피워 올린다.

그녀는 따스한 이불이 되어
세상의 시린 손들을
녹여줄 것만 같은 얼굴이다.

자기보다 남을 더 배려하는
그 마음 씀에 그녀를 만날 때마다
아침 햇살처럼
우리는 늘 행복했다.

하나로는 제 모습을 떠올릴 수 없는
작은 꽃송이를 무수히 피워 올리는
그녀는 환하디 환한 안개꽃이다.

아니다. 아니다
누구나 받아서 늘 행복한
움직이는 꽃다발이다. 그녀는

사제司祭의 손

사제의 손은
예수님의 손

기름 발라 성별된
아름다운 손

주님은 그 손을 통해서
축복을 내리겠노라고
말씀하셨지

병들 때나 괴로울 때
죽음의 순간에도
꼭 거쳐야하는 손

무엇이든 그 손이 있어야
역사는 이루어지느니,

사랑하는 사람아
천사들도 그런 손이 있다고
들어 본 일이 있는가?

붉은 장미꽃 사랑을
세상에 불 지르는

깨끗한 손 거룩한 손

우리 살아 사는 영혼의
양식을 지으시고
일일이 먹이시는 분

사제의 손은 엄마손
사제의 손은 약손

동반자

홀로 왔다가 홀로 가는
쓸쓸한 삶의 길목에서
평생을 함께 걷고 싶은 한 사람

고단하고 진땀나는
세월의 강을 건너며
나보다 더 나를 아껴주는 한 사람

그래서 풋풋한 향이
사방에 흘러넘치는
평생을 다 주고 싶은 한 사람

어느 날 홀연히
바람으로 사라지는 날
혹여 그가 죽음에 이르는 날이
먼저라면 나도 그와 함께
하늘로 훨훨 날을 수 있는

그런 사람이고 싶다
그런 사람이고 싶다

베란다

오랜 침묵과
어두움의 웅크린 세월은 바람처럼 끝나고
새봄의 정령이 폭발하는 것일까
웃섶이 터질 듯 부푼 가슴의 여인처럼
베란다에는 싱싱한 초록의 생명이
넘쳐흐르고 있다

웃음 띤 얼굴로
나를 반갑게 맞이하는 화분들은
어느 때 부턴가
내가 버릇처럼 찾아가는 친구다

우리 곁에는 보이지 않는
아버지의 자상한 손길이
거기 계심을 긴 말 전하지 않아도
서로의 눈빛에서 확인한다.

아아!
나는 알았다
저마다 아름다운 자태로 푸른 잎과 꽃을
피워 보이고 있는 화분에게서
내가 화분을 바라보고 있는 것이 아니라
아버지의 말씀과 사랑이
매일 매일 나를 바라보고 있음을……

6월

저쪽에 그리움이 있는가 보다

진초록 생명이 잉잉거리는
참나무 잎들이 춤추는 사이로
담쟁이 넝쿨은 자꾸 자꾸 기어오른다.

6월의 짙푸른 푸른 잎들이
눈부신 햇살을 등에 지고
바람이 출렁일 때마다
그리운 쪽으로 향해 오른다.

사랑하는 사람아
우리 함께 하는 기쁨이 충만한 것은
아직도 내 영혼을 촉촉이 적시는
한 줌의 그리움이 있기 때문이리

우리를 푸르게 하는 것은
메마른 세월 속에서도
저 담쟁이 잎새같이 그리운
마음의 손바닥 하나 있기 때문이리

사랑하는 사람아
그리움이 있는 담쟁이 넝쿨이
6월의 짙푸른 하늘 저쪽으로

자꾸자꾸 손을 흔들며 기어오르듯
마음속 푸른 잎사귀 흔들어 보이자

저것 좀 보아
생명 있는 모든 것들은
그리움을 향하여 기어오른다.

저쪽에 그리움이 있는가 보다.

안목 항

안목 항 앞바다 속에는
또 하나의 아름다운 세상이
나를 부르고 있다

에메랄드 빛 바다가
울긋불긋 아름다운 수채화를
펼쳐놓고 손짓하고 있다

바다 속에 펼쳐진
아름다운 삶의 이야기가
물고기들의 몸짓으로 뛰어오르고 있다

저 빛나는 바다의 이야기
길게 드리운 삶의 그림자들은
어디로 가고 있는 것일까

꿈에 그리던 내 마음속 고향이
곱게 펼쳐진 에메랄드 빛 바다로
풍덩 뛰어들고 싶다

눈부신 하얀 모래알들을
맨발로 맨 마음으로
벗어던져 밟아보고 싶다

저 에메랄드 빛
삶의 빛깔 하나
가슴 속에 담아보고 싶다

진땀나는 서늘한 삶의 보따리를
에메랄드 빛 바다에 집어놓고
가라고 손짓하고 있다

환하디 환한 미소 지으며
기쁜 삶의 향기만 머금고 가라고
자꾸 자꾸 손짓하고 있다

비 오는 날의 아침

비 오는 날의 이른 아침엔
나의 사람아
은빛 빗방울이 꽃피듯 열려있는
창가에 앉아
한 잔의 커피를 마시자,

한 잔의 커피에서 피어오르는
그 빛과 향기와 맛은
그 어느 것도 외로운 나에게는
다 내 친구이다.

커피의 빛깔,
그것은 고향의 하늘아래
생명을 잉태하는 대지의 색깔,
맨발로 대지를 밟을 때의
그 색깔과 촉감이다.
그 향기,
발고랑에서 은은히 풍기는
훈훈한 고향의 흙내음이다.

그 맛,
갓 꺼내온 어머니 솜씨의
동치미 국물보다 더 친근하다.

비 내리는 날의 이른 아침엔
외로움이 가슴을 적시는
창가에 앉아
진한 커피에 나의 그리움도 함께 타
저어서 살며시 입맞춤한다.

메마른 입술을 적시며
마시는 한 모금의 커피
바로 그 빛깔, 그 촉감, 그 향내,
그리움이 나의 입가에 감돈다.
비오는 날의 아침엔
나의 사람아
창가에 앉아
한 잔의 커피를 마시자.

4부

그리움의 강가에서

어느 독거노인의 고백

"사람이라고 다 사람이 아니지요,
사람이 더 무서워요"
노인은 가슴을 쓸어내린다.
"그래요 할머니," 라고
맞장구를 쳐 주었다.

그리고는
여름날 누렇게 익은 밀밭에 섞여 있는
가라지를 뽑지 못하는 주인 이야기를
들려주었다.

독거노인이 오래 오래 쏟아내는
슬픈 이야기를
끄덕이며
말벗이 되어 주었다.

본당의 날*

무슨 말이 필요하랴
기대와 희망으로 들뜬 마음은
빨간 사과처럼 익어가고
그냥 숨쉬기만 해도
한 가족 한 형제임을 확인하는
우정과 사랑의 포물선을
하늘을 향해 넓게 그리며 있고
준비된 온갖 추억의 놀이들에
백마가 되어 뛰놀고 있는데
다른 말이 필요 없다.

상품들로 가득한 행사장에는
짝을 지어 출전할 선수들이
이리 뛰고 저리 뛰면서
웃음과 사랑을 털어내느라
정신이 없다.
진홍빛 웃음꽃 피워내는 들뜬 마음
이미 마음의 빗장 열어젖히고
제 마음에 맞는 놀이를 찾아
이기고 싶은 마음은
온통 욕심쟁이를 만들어 놓는다.

청군 백군으로 펼쳐진 경기에
승리한 기쁨으로 발갛게 익어버린

부푼 가슴은 풍선이 되어
하늘높이 날아오른다.
진행되는 경기마다 웃음보따리에
온 가족이 흔들리고 있고
젊은이들의 묘기에 감탄하는
열띤 박수와 함께 피어나는 웃음은
활짝 핀 꽃송이이다
진홍빛 웃음꽃이다

어린이는 어린이대로
어르신은 어르신대로
젊은이는 젊은이대로
서로의 빛깔대로
아름다움이 철철 넘치는
하나의 사랑 꽃이다
하나의 웃음 꽃이다
메마른 내 가슴 속살에도
진홍빛 꽃물이
뜨겁게 달아오른다.

*본당의 날 : 안림동성당 설립 및 성마르꼬주보성인 축일기념 행사

성찬

가슴이 뛴다
가슴이 뛴다
내 마음 빨갛게 가슴이 뛴다

보인다
주님을 옹위하는
저 수 많은 성인, 천사들이

들린다
바이올린의 거룩한 천상음악이

여기 황홀한 미사성찬에
우리가 초대되었다

최후의 만찬으로 비롯된
미사성제 안에서
굶주린 영혼의 밥으로 오시는 예수님

여기 거룩한 주님의 성찬에
우리가 초대되었다

주님사랑이 흘러넘치는
주님의 성찬이 한 식탁에서
예수님을 영하는 우리는 하나다

가슴이 뛴다
가슴이 뛴다
내 마음 빨갛게 가슴이 뛴다.

십자가의 길

길이라고 다 길이 아니다
험난한 이 세상
길 아닌 길 얼마나 많은가
진리가 하나이듯
예수님께서 걸으신 십자가의 길
그 하나만이 길이다.

하늘땅의 주인이
사람의 죄 값으로
걸어가신 십자가의 길
하늘나라 가는 길
그 길만이 길이다.

십자가에 달리셔서
뿌리신 당신의 피로
이 세상 모든 죄악 씻고도 남는
즐거운 그 길이여
축복의 길이여

사랑하는 사람아
보아라,
거룩한 십자나무 복된 나무를
십자가 생명나무 위로의 나무를,

보배로운 올리브나무
예수님 달리시니 생명의 꽃 피고
하늘땅이 화해하고
하늘땅에 닫힌 길이 열리였네

오, 구리 빛 십자가는
예수님의 사랑법
우리 모두 그 길을
가고지고 오고지고

사랑

어느 날
수녀님께서 이르는
훈화訓話말씀,
오늘은 가정에 가거들랑
아내에게 "사랑한다." 는 말
꼭 하세요.

나는 속으로 피식 웃었다.

세상에
아직도 그 말을 아내에게
하지 않고 사는 사람이 있을까

하루에
한번이라도
그 말을 하지 않는
남편이 있을까

집에서
그 말을 하지 않는 사람
그 사람은 외로운 사람이거나
진짜 강한 사람이다.

아내와
만날 적마다
서로 마주보며
"사랑한다."고 말하는 사람은
정말 행복한 사람이 아닐까

오로지
"사랑한다"는 말을
입에 달고 다니는 사람은
사랑을 사는 사람이다
천국을 사는 사람이다.

고통

고통은
나를 눈뜨게 한다.

고통은
나의 질병을 치유케 한다.

고통은
나를 목욕시켜 준다.
나를 다시 한 번 깨끗하게 만든다.

고통은
나를 성숙시킨다.
고요한 밤에 내 영혼의 소리를 들려준다.

고통은
나를 행복으로 이끈다.

고통은
은총이다
고통 안에 있으면 나는 바르다.

고통이 없으면
영광이 없다.

고통이 없으면
그분을 찾지 않는다.

고통이 나에게 없다면
그 분을 만날 수 없으리라
아! 그 고통의 신비여

푸른 꿈 푸른 희망

배움에 목 타는 가슴을 적시려는 듯
방송대라는 옹달샘을 찾아낸 그대들
싱그러운 봄 햇살 아래
설레임과 긴장이 엿보인다.

향그러운 새로운 시간들
들녘에 아지랑이 춤추고
가슴에 소망의 꽃을 달고 서있는 그대들
무지개 빛 보다 더 눈부시다.

삶이란 모든 것 위에 모든 것을
내던져서 이루어내는 투신의 길
상큼한 초록빛 푸른 꿈을 향하여
그대들의 푸른 희망 힘껏 부둥켜안자.

두근대는 심장으로 지식의 보고
묵직한 빗장을 열어젖혀
새로운 정보의 책갈피를 넘길 때마다
묵은 것 몽땅 떠나보내고

맑은 물결 세차게 물결쳐오는 바다에서
거짓 없는 새아침의 가슴 활짝 열어
푸른 꿈 푸른 희망
온 세상 향해 한번 크게 소리 질러 보자.

간구 · 1

청년이란 이름처럼
나는 아직도 팔팔하다

그런데 중병을 얻어 회복중인
아내는 늘 힘이 없어 보인다.

그녀를 볼 때마다 미치도록
아픈 가슴을 지울 수 없다.

내 가슴속엔
온통 그녀가 함께 있다

아아!
알았다

사랑한다는 것은
늘 함께 있다는 것이다.

간구 · 2

제 생애를 다한 나무 잎은
한 잎 두 잎 낙하하며
제 갈 길을 찾느라
거리를 뒹굴고 있다.

걸어야 산다는 아내가
날리는 낙엽과 함께
어설프게 내딛는 그녀의 발걸음은
쓸쓸함이 가득하다.

늦은 나이에 찾아온 병마와
씨름하는 그녀
직립의 보행이었으면
힘 있는 발걸음이었으면…

그녀를 바라보는
내 가슴은 아픔으로
붉게 물들고 있다
뜨겁게 타고 있다

간구 · 3

불편한 모습으로
걷는 이를 볼 때마다
아내를 생각하며
화살기도를 바친다.

늦은 나이에
느닷없이 찾아온
아내의 발병은
오로지 내 잘못임을 안다

찾아갈 곳 오직 하나
감실 앞에 엎드려
뜨겁게 조아리는
나의기도 늘 부족함을 느낀다.

급할 때만 찾아가는
어리석음
순수를 잃은 나의기도
부끄럽기만 하다

허나 어쩌랴!
모든 것을 선으로 이끄시는
그분을 믿기에
돌아서는 발걸음은 가볍다.

간구 · 4

인생의 후반기
노년에 이르러 서산에 기우는
황혼을 바라보노라면
내 가슴은 감사함으로
밝게 피어오른다.

끝이 안 보이는
컴컴한 터널 속이어도
감내할 수 없는 시련과 고통의 연속이어도
원망이 아닌 희망으로
불평이 아닌 감사함으로
살아온 대단함에 나의 가슴은
뜨겁게 달아오른다.

항상 부족하고
별 볼일 없는 나약한 사람을
한순간도 버리지 않으시고
악을 선으로 바꾸어 주시어
나의 생명을 아름답게 수놓아 주시는 분

그분은 나의 유일한 후원자
나의 든든한 빽이고
나의 스승이시고
나의 아빠이시다

항상 기도하는 삶
항상 기뻐하는 삶
항상 감사하는 삶으로 이끌어 주시는 분

아아!
그분은 사랑이신 분
그분은 사랑이신 분

사과 밭에서

나는 보았다.
빠알간 옷 속에
진땀나는 세월이
알알이 담겨진
터질 듯한 여름의 육체를

빠알간 옷 속에
무던히도 서럽던
추위와 폭풍우
작열하는 태양이
온통 녹아서 눈부시다.

빠알간 사과밭은
이 날을 위해 숙성시킨
일시에 터져버린 폭발
밤하늘의 불꽃
알알이 솟아오르는
붉은 빛 삶의 빛

나는 보았다
사과밭에서
온몸으로 피워낸
빠알간 열정을
성숙해진 사랑을

정녕
그대의 축제
신들의 합창이다.

길 · 1

산에는 길이 있고
바다에는 뱃길이 있는데

사람이 가야할 길
숱한 길이 널려있어
사람들만 허둥대는가

사람이 가야할 길
의로운 길 앞에 놓고
길눈이 어둡다 하는가

가시밭길 생명의 길
고통 뒤에 얻는 기쁨
그 길을 걷는 사람은

아, 얼마나 복된 삶인가
아, 얼마나 아름다운가

길 · 2

태초에 길은 없었지
그 분은
스스로 길을 열고 살아가도록
순금보다 더 귀한 자유를 주신 것

그런데 원조께서
첫 단추를 잘못 끼움인가
숱한 사람들 제멋대로
길 아닌 길을 내어
세상은 온통 갈 길을 잃었네.

그 분께서
이미 마련하신
진리의 길, 생명의 길
그 길이 우리에게 있었네.

아, 그 길
사랑의 길. 생명의 길
영원으로 닿아 있네.

길·3

2층에서 내려다보이는
창밖의 인도에는 항상
가고 오는 사람들이 많다.

혼자이거나 혹은 둘이서
바람과 햇빛을 털어내며
그저 묵묵히 각자의 길을 걷는다.

제각기 생각들을
걸치거나 또는 무심한 얼굴로
행길을 걷는 사람들

창밖의 길을 내려다보면서
나는 늘 궁금해 하고 설레는
마음이 있었다.

그들은 어딜 가고 오는 것이며
무슨 생각을 하며
걷는 것일까

아마도 가슴 한켠에 서리어 있는
그리운 것 하나쯤
펼쳐보며 걷는 거겠지

꽃처럼 피어나는
그리움 한 폭을 꺼내고는
휘파람을 불며 걷는 거겠지

오늘도 내일도
그저 묵묵한 길

창밖에는
그리움이 있다
설레임이 있다.

폭설 · 3

눈으로 폭탄 맞은 세상은
하늘에서 점령군이 내려와 접수한 듯
천지사방 온통
정적이 지배하는 별천지이다.

인간이 손을 들 수밖에 없는
눈 폭탄 세례
꿈을 꾸는 듯한 설원의 풍경
하얀 정적뿐인 동화의 나라에서
누군들 아무도 생각나지 않는
사람이 어디 있을까

문득 오래도록
저며 둔 그리움이
나뭇가지마다 얹힌 눈
미풍에 떨어지듯
가슴 한켠에서 뭉실뭉실
불쏘시개로 피어오른다.

사랑하는 사람아
정막이 지배하는 가슴시린 설국에서
너와 나의 하얀 사랑이야기 하나
눈 속에 갇힌 사랑방에서

정막을 태우는 정렬의 불꽃으로
이 밤을 아름답게 수놓아 보자.

그리움의 강가에서 · 1

임의 음성은
내 가슴에 메아리 되어
그 미소로 그립습니다.
임의 모습은 내 가슴에 꽃처럼
피어 있습니다.
세월이 무너져도 못 잊을 그 사랑
밤하늘의 별을 보며
홀로 울었습니다.

임은
무슨 작은일 하나에도
사랑의 이름표를 다셨지요
임은
머흐러 뵈는 사랑을
노래하며 그리워하셨지요
임은
가셨어도 우리 곁에
촛불처럼 타고 계시지요

임은 가셨지만
가신 게 아닙니다.
임의 음성은 내 가슴에 메아리 되어
잔잔한 파도처럼
세상에 슬픈 시를 노래하게 합니다.

세월의 강은 흘러가도
못 잊을 님의 사랑은
우리 곁에
타오르는 촛불처럼 위로를 줍니다.
임은 가셨지만 가신 게 아닙니다.
임의 그림자는 우리 곁에
늘 초록빛 바람으로 속삭입니다.

그리움의 강가에서 · 2

참
너무하시다
욕심이 많으시다
누가 그 속내를 알랴

아마도
그곳엔 향기나는 꽃이
없으셨나보다
지상의 꽃을 꺾어가시다니

아마도
그곳엔 쓸 만한 시인이
시인 같은 시인이
없으셨나보다

하늘나라에는…

■ 작품해설

노익장老益壯의 사랑 세계

서 범 석
(시인 / 문학평론가 / 대진대학교 명예교수)

1. 꺼질 수 없는 사랑의 불꽃

후한後漢 광무제光武帝 때의 명장 마원馬援은 대기만성大器晩成으로 큰 공을 세운 인물인데, 그는 항시 친구에게 "대장부라는 자는 뜻을 품었으면 어려울수록 굳세어야 하며 늙을수록 건장해야 한다."고 말하였다. 나이가 들었어도 결코 젊은이다운 패기가 변하지 않고 오히려 굳건함을 뜻하는 '노익장'이란 말은 여기에서 유래했다.

처음 만났을 때, 김홍수 시인은 스스로 '청년'이라 호칭했고, 필자도 그가 노익장을 과시하는 삶을 살고 있음을 금방 알 수 있었다. 아예 자신의 나이를 잊은 것 같기도 하였다. 그의 세 번째 시집 『아직은 불꽃으로』를 피워 올린 에너지의 원천 역시 이러한 '청년의식'이다.

할아버지라고 부르지 마.
아직 젊거든.

청년이라고 불러주면
크게 보시하는 일임을
사람들은 모른다, 모른다.

인생이란 언제라도
지금부터야
꿈을 먹고 사는 것이 삶인데
누구에게나 아침은 반드시
찾아오는 것인데

청년이란 소릴 듣는 순간이
행복인 걸
사람들은 몰라준다. 몰라준다.

시바타 도요*
그녀에 비하면
나는 어린아이다.

*시바타 도요 : 99세에 첫 시집을 낸 일본의 여류시인

—「청년」 전문

이 시의 서정적 자아가 시인 자신과 일치하리라는 것을 필자는 의심할 수가 없다. 그는 먼저 제1연에서 '할아버지라고 부르지 마./ 아직 젊거든.'이라고 독자를 힘차게 제압한다. 그리고 제3연에서 꿈을 먹고 사는 것이 삶이라는 것과 따라서 언제나 인생은 지금부터라는 젊은이다운 패기를 보여준다. 그러면서 자신에게 청년이라고 불러주면 그게 보시하는 일이고 자신의 행복인데, 사람들이 그걸 몰라준다고 탓하면서 '시바타 도요/ 그녀에 비하면/ 나는 어린아이다.'라고 강변한다. 이러한 청년의식은 다음과 같은 젊은 노래를 부르게 한다.

산정으로 향하는
한적한 숲길에 이름 모를 멧새들
푸릇푸릇 고요를 깨우며
힘찬 나래로 손짓한다.

갈참나무 가지 끝을 간질이는
햇살은 시방 열애 중이고
마른 풀잎들 몸을 비틀며
꿈틀대는 소리 고요를 적신다.

아 멀리 오르는 산정의 길목에서
내용연수 오래된 심장이
내뿜는 가쁜 숨소리가 숲속가득
번져나간다.

사랑하는 사람아
둥 둥 둥 봄이 오는 종소리처럼
생명 있는 것들이 빛과 어둠을 뚫고
잉태하는 존재의 끝없는 날갯짓을
보았다 나는

스스로 빚어낸 시간의 찬 몸속
애환의 그림자를 모두모두 털어내어
한 줌 바람으로 날려버리고
푸른 꿈 푸른 숲속에 안겨야한다.

뜨거운 가슴속 사랑이야기
봄빛이 흐르는 신생의 언덕에서
생명처럼 감사하며 아직은
불꽃으로 타올라야 한다.

—「아직은 불꽃으로」 전문

제1~2연은 멧새, 햇살 등의 자연에서 느껴지는 젊음의 감각적 표현이다. 제3연은 자연과 하나가 되는 자아의 청년의식이다. 인생에서 청년 시절은 사랑의 계절이 아니던가. 그래서 시의 화자는 드디어 제4연에서 사랑하는 사람을 불러낸다. 그리고 봄의 종소리와 어둠을 뚫는 날갯짓을 전한다. 그 다음 애환을 날려 버리고 푸른 꿈과 푸른 숲의 품속에 안기자고 한다. 그리고 마지막 연에서 '뜨거운 가슴속 사랑이야기/ 아직은 불꽃으로 타올라야 한다.'고 주장한다. 아직은 꺼지지 않고 '사랑의 불꽃'을 태우겠다는 것이다. 그래서 그의 창밖에는 늘 '그리움이 있고 설레임이 있'(「길 3」)는 것이다. 그의 세계를 '사랑'으로 채우고자 하는 존재의 선언이다.

2. 뜨거운 설렘, 낭만적 사랑

'세계(世界)'는 불교적 용법으로는 시간과 공간을 뜻한다. '세(世)'는 과거, 현재, 미래의 삼세(三世)를 뜻하며, '계(界)'는 동서남북과 상하의 육방(六方)을 이르는 말이다. 그러니까 인간은 시간과 공간의 좌표 위 어딘가에 존재한다. 그런데 청년 김홍수 시인의 세계는 사랑으로 가득 차 있다. 그의 삶은 언제나 어디서나 '사랑' 속에 영위되고 있는 것이다.

사랑의 의미는 참으로 다양하게 말할 수 있는 것이지만, 여러 견해를 종합해 보면 '친밀감(호감)을 느껴 열정적으로 순수한 정을 주는 것'이다. 그러나 그 사랑은 시간과 공간을 초월하여야 진정한 사랑이다. 모든 것을 언제나 어디서나 주는 것을 실천해야 한다는 뜻이다. 그럼 시집 제목처럼 『아직은 불꽃으로』 불태울 사랑의 대상은 누구일까.

지금은 한 겨울
기다리는 계절입니다.

한얀 눈송이
어두운 적막 속으로
살포시 쌓이는 날엔
내 가슴 깊은 곳에서
늘 지병처럼 숨쉬는
그대를 향한 그리움에
하고픈 말 한마디가
더욱 간절해집니다.

내 그리움의 창가에
눈물처럼 내리는 눈은
슬프고 예쁜 상처를 추억하게 합니다.

하얀 눈송이
적막 속으로 흐르는 저녁엔
눈송이처럼 피어오르는 그리움을
더러는 지우고
더러는 못내 아쉬워하며
사랑을 확인하고

한 겨울처럼 기다리고픈
마음시린 날입니다.

—「겨울편지」 전문

이 시의 시간적 배경은 '한겨울'이다. '하얀 눈송이'를 바라보면서 서정적 자아는 '그대를 향한 그리움'에 싸인다. 그러니까 사랑하는 사람은 지금 가까이 없는 사람이다. '슬프고 예쁜 상처'를 추억하게 한다는 것으로 보아 순결하지만 비극적으로 지나간 과거의 사랑이라고 짐작된다. 그 순수했던 사람을 그리워하면서 마음이 시린 서정적 자아의 한겨울을 기다림으로 버티는 사랑의 정서가 안타깝게 다가오는 시이다. 청년다운 뜨거움이 시인의 가슴에서 끓고 있는 것이리라.

포근한 눈송이
한 점 만지는 순간
그것은
가슴시린 눈물이었네.

순백의 눈꽃은
바라만 보아야 하는
금단의 향기로
피어나는 사랑이었네.

—「겨울연가」 부분

결국 가슴 뜨거운 청년의 사랑은 눈송이 같은 사랑이었는지 모를 일이다. 현실에서 이루어질 수 없는 안타까운 사랑은 순백의 눈꽃처럼 만지면 눈물이 되는 금단의 눈꽃과 같은 것이다. 그러면서도 '그 집 앞을 지날 때마다/ 내달리던 차는/ 오늘도 어제도 아니 잊고/ 마냥 멈칫 거린다.'(「그 집앞」)는 이 젊음의 설렘을 누군들 청춘이라 인정하지 않겠는가.

흰 이빨 드러내며
여기저기 황홀하게 반기는
질펀한 매화꽃은
어제 밤 꿈속에서 그리던
그녀의 얼굴이다.

아직 덜 핀
팝콘 같은 꽃망울 한줌 품에 안고

들꽃 카페로 내려와서
그리움 한 스픈 매화꽃 몇 잎
띄워 마신다.

끓어오르는 매화꽃 찻잎에는
그리움이 스멀스멀 일어서고
사랑하는 그녀가
향긋한 매화꽃 찻잔 속에서
까르르 웃고 있다.

—「매화꽃 향기」 부분

성숙한 사랑의 3요소는 친밀감, 열정, 헌신이라고 한다. 사랑은 '주는 것'이라고 했는데, 첫째 왜(why) 주는가에 대한 답이 '친밀감'이다. 둘째 어떻게(how) 주는가에 대한 답이 '열정'이다. 셋째 무엇을(what) 주는가에 대한 답이 '헌신'이다. 이 세 가지 요소를 모두 갖추었을 때 우리는 '성숙한 사랑'이라고 말할 수 있다. 헌신적 실천을 생각하지 못하고 그냥 좋아서 열정적으로 그리워하는 것은, 흔히 젊은이들에게서 볼 수 있는 '낭만적 사랑'이다.

「매화꽃 향기」에서 서정적 자아는 매화꽃을 그녀의 얼굴로 변주하여 팝콘 같은 황홀한 그리움에 빠진다. 매화꽃 차를 마시며 그 향기 속에서 '까르르 웃고' 있는 그녀의 얼굴을 떠올리는 것이다. 지극한 호감과 열정 속에 취해 있는 젊은이를 이 시에서 만나게 된다. 낭만적 사랑이다.

3. 포근한 가슴, 동반자적 사랑

그러나 다음의 시를 보면 사랑하는 사람은 멀리 있는 사람이 아니다. 그래서 현재의 사랑과 함께했던 지난날의 한 장면을

노래하고 있는 듯하다.

천지사방이
봉싯봉싯 봄꿈 꾸는 어느 봄날
연초록 푸른 물결로 채색된
산마루 재 언덕에 올라앉아
우리는 한바탕 웃음꽃을 피웠다

은빛 물결이
불꽃놀이처럼 흐르는 충주호를
발밑에 두고 쑥이며 냉이를 캐면서
함박 꽃 같은 웃음 날리며 보낸
그 날이 참 좋았다.

한 떨기 순한 꽃망울처럼
고운 눈빛으로 웃는 그대 얼굴에
눈부신 햇살이 비비며 있고
고달픈 세월을 건너는 어린 영혼을
위로하려는 듯 자연은 어머니 품속 같았다.

복숭아 사과 꽃잎들이
푸른 꿈 풍성한 열매를 위하여
한창 열애중인 사이를 시샘하듯
저공비행하는 봄바람이 그 날을 축복하듯
사방에 꽃비를 뿌리었다.

사랑하는 사람아
세월은 순간인 것, 진땀나는 세월의 강가에서
그리던 본향에 닿을 때까지
희망의 끈 놓지 말고 함께 의지 삼고 걸으며
웃음꽃 피워 물고 있자.

가끔은 어머니 품속 같은
자연에 안기어 자연과 하나 되어
한바탕 우리의 생명인 웃음 날리며
참 좋았던 그날처럼 쉬었다 가자.
―「봄이 타는 들녘에서」 전문

그러니까 이 시에서도 사랑하는 사람과 봄날의 자연 속에서 보낸 따뜻했던 어느 날을 이야기하지만, '희망의 끈 놓지 말고 함께 의지 삼고 걸으며/ 웃음꽃 피워 물고 있자.'라고 말함으로써 미래에도 함께할 사람인 것이다. 아름다운 추억도 공유하고 있는 그 사람은 자연과 동격으로 느껴지는 '어머니' 같은 사랑을 자신에게 보내 주는 사람인 것이다. 시인은 「아! 경칩」에서 '우리들의 시린 가슴 활짝 열어/ 내려주실 행복에 취해/ 옹달샘 들꽃 같은/ 웃음 날리자.'라고 말하는 것을 보면, 그 사람은 같은 신앙에서 살아가는 아주 가까운 사람이라는 것을 알게 된다.

우리가 처음 만나던 그때에도
오랜 지기인 양 넉넉한 반가움으로
그녀의 얼굴엔 낮꽃이 피었었지

엄마의 젖가슴처럼
따뜻한 그녀는 언제나 반듯하고
후덕한 향기를 피워 올린다.

그녀는 따스한 이불이 되어
세상의 시린 손들을
녹여줄 것만 같은 얼굴이다.

자기보다 남을 더 배려하는
그 마음 씀에 그녀를 만날 때마다

아침 햇살처럼
우리는 늘 행복했다.

하나로는 제 모습을 떠올릴 수 없는
작은 꽃송이를 무수히 피워 올리는
그녀는 환하디 환한 안개꽃이다.

아니다. 아니다
누구나 받아서 늘 행복한
움직이는 꽃다발이다. 그녀는

—「안개꽃」 전문

우리는 이 시에 나타나는 '그녀'가 낭만적 그리움의 대상에서 변모하였음을 알게 된다. 즉 '엄마의 젖가슴처럼/ 따뜻한 그녀'이며, '따스한 이불'로서 늘 행복을 선물하는 '움직이는 꽃다발'인 것이다. 그녀를 통하여 우리는 젊음의 낭만적 열정보다는 '친밀감' 속에서 '헌신'하는 사랑, 즉 '동반자적 사랑'의 원형을 발견하게 된다. '나와 너의 사이가/ 어쩌면 동행이란 어깨에 기댄 채/ 나란히 앉아 서로의 눈빛이/ 한 곳을 향하여 바라보는/ 거리가 되는 것을'(「너와 나의 거리」) 깨닫고 있는 영원을 지향하는 동반자적 사랑의 포근함에 독자를 끌어들이고 있는 것이다.

홀로 왔다가 홀로 가는
쓸쓸한 삶의 길목에서
평생을 함께 걷고 싶은 한 사람

고단하고 진땀나는
세월의 강을 건너며
나보다 더 나를 아껴주는 한 사람

그래서 풋풋한 향이
사방에 흘러넘치는
평생을 다 주고 싶은 한 사람

어느 날 홀연히
바람으로 사라지는 날
혹여 그가 죽음에 이르는 날이
먼저라면 나도 그와 함께
하늘로 훨훨 날을 수 있는

그런 사람이고 싶다
그런 사람이고 싶다

—「동반자」 전문

이 시에 보이는 사랑의 대상은 '고단하고 진땀나는/ 세월의 강을 건너며/ 나보다 더 나를 아껴주는 한 사람'이다. 어머니 같은 희생으로 '나'를 보호하고 도와준 평생의 동반자인 것이다. 그러므로 '평생을 다 주고 싶은 한 사람'이며, 함께 하늘나라로 가고 싶은 영원한 사랑의 동반자인 것이다. 이 지점에 이르면 서정적 자아의 사랑이 '친밀감, 열정, 희생'을 모두 갖춘 '성숙한 사랑'에 도달하고 있음을 보게 된다. 그러면서 영원한 생의 동반자인 배우자를 떠올리게 된다.

4. 가슴에 가득한 하느님의 사랑

우리는 지금까지 '청년' 김홍수 시인의 낭만적 사랑과 동반자적 사랑에 대하여 살펴보았다. 김 시인의 그러한 사랑은 본성적이고 기질적인 바탕도 중요하겠지만, 사람 사랑의 열정적 뜨거움은 기독교의 영향이 크다고 생각한다. 믿음, 소망, 사랑 중

제일은 '사랑'이라는 기독교의 가르침이 첫 번째 이유이고, 시인이 어려서부터 그 가르침에 흠뻑 젖은 생활을 영위해 왔다는 것이 두 번째 이유이다.

내용적으로 볼 때, 시집 『아직은 불꽃으로』에는 과연 가톨릭 신앙과 관련된 시편들이 가장 많이 들어 있다. 종교는 인생에서 그 방향을 결정짓는 가장 중요한 요인이다. 그러므로 인간 탐구 및 인생창조를 목적으로 하는 문학과는 밀접한 관련이 있을 수밖에 없다. 문학은 종교와 발생론적 종속관계에 있으며, 문학사는 인간중심주의(hellenism)와 신중심주의(hebraism)가 교체하면서 발전해 온 결과의 집적인 것이다. 사정이 이러하기 때문에 엘리엇(T. S. Eliot)은 "문예비평은 일정한 윤리적 및 신학적 입장에서 하는 비평에 의해서 완결되어야 한다."고 판단했을 것이다.

그러나 모든 종교문학이 다 좋은 것은 아니다. 종교문학도 문학이기에 종교보다는 문학이 우선되어야 한다는 기본적인 사실을 망각해서는 안 된다. 즉 신앙표백이나 종교선전으로서의 문학은, 문학보다는 종교를 우선시하는 것이기에 바람직하지 않다. 깊이 있는 인간탐구나 인생창조를 목적으로 하는 종교문학이 아니라면 그것은 예술을 종교에 종속시키는 잘못을 저지를 수 있음을 명심해야 한다.

여기
아기예수 잠들어 계시고
하늘과 땅위의 축복과 찬미가
온 누리에 넘치는데
마리아
거룩한 어머니여
이렇듯 놀랍고 거룩한 밤에

이 땅의 잠든 영혼 일깨워 주시고
지치고 마음추운 당신의 자녀들을
기억해 주소서

—「성탄」 부분

사랑하는 사람아
사람의 사랑이라는 것도
낙엽처럼 생애의 끝 날엔 혼자서 흘러가는 것
본향을 바라보는 잿빛 영혼도 혼자인 것.

바라느니 크신 분의 품안에
혼자 눈감는 것
크신 분의 사랑 안에 한 잎의 낙엽으로
영원히 뒹굴며 꿈꾸는 것이리.

—「한 잎의 낙엽처럼」 부분

끝이 안 보이는
캄캄한 터널 속이어도
감내할 수 없는 시련과 고통의 연속이어도
원망이 아닌 희망으로
불평이 아닌 감사함으로
살아온 대단함에 나의 가슴은
뜨겁게 달아오른다.

항상 부족하고
별 볼일 없는 나약한 사람을
한순간도 버리지 않으시고
악을 선으로 바꾸어 주시어
나의 생명을 아름답게 수놓아 주시는 분

—「간구 4」 부분

이 시집에 실려 있는 수많은 시들 중 기독교의식을 형상화한 몇 편이다. 「성탄」은 절대자에 대한 찬미와 기도, 「한 잎의 낙엽처럼」은 신으로의 완벽한 귀의, 「간구 4」는 그 분에 대한 감사와 찬양이 핵심 내용이다. 그러니까 시인의 가슴 속에는 가톨릭 신앙의 대상이 되는 하느님과 예수, 성모 마리아에 대한 찬양과 찬미, 그리고 간구와 기도 등으로 꽉 차 있음이 증명된 것이다. 이러한 가톨릭 신앙은 그의 의식을 청년으로 만들고, 그의 정서를 사랑으로 채운 원형질이라 하겠다.

5. 기독교적 자아실현

지금까지 살펴본 바에 따르면 김홍수 시인은 기독교적 신앙과 의식으로부터 발아된 인간 사랑의 싹을 푸르게 키워온 바를 시로 그려낸 것으로 판단된다. 그래서 그의 시는 대부분 진솔한 내용을 별다른 기교 없이 아름다운 사랑으로 색칠하고 있음을 본다. 그의 진실한 내면에 초점을 맞추어 좀 더 살펴보기로 하자.

이 험악한 세상에
본심을 보인다는 것이
때론 위험한 일이어서
가끔은 위장을 하고 싶어진다.

가면놀이 같은 가발을 쓰고
나타난 내 머리를
멋있다고 한다.
다들 좋다고 한다.

가짜가 판치는 세상
어쩌면 가발이

더 자연스러울 테지

한편 재미있지만
내 순정한 가슴과 머리가
가려진다는 것이
조금은 불안하다.
이 재미있고 불안한 가면놀이

—「가발」 전문

가발에 대한 체험적 내용을 담고 있는 시다. 험악한 세상이라 가끔은 위장을 하고 싶지만, 가발에 의한 위장을 불편해 하는 심리적 자아를 우리는 이 시에서 만나게 된다. 그것은 이 시인의 내면 바탕이 진솔하다는 것을 드러내는 모습이다. 이렇게 '거짓을 말할 수 없는' 자아가 걸어가는 인생길은 어떤 것일까.

사람이 가야할 길
의로운 길 앞에 놓고
길눈이 어둡다 하는가

가시밭길 생명의 길
고통 뒤에 얻는 기쁨
그 길을 걷는 사람은

아, 얼마나 복된 삶인가
아, 얼마나 아름다운가

—「길 1」 부분

노익장의 깊고 진실한 깨달음을 역설적으로 읽는 재미가 있는 시이다. 우리는 여기서 서정적 자아가 말하는 올바른 인생길이 다름 아닌 '의로운 길임'을 확인하게 된다. 여기서 화자는 의로운 길은 가시밭길이면서도 한편으로는 보람과 기쁨이 있는 길이라고 말한다. 의로운 삶을 살아가기 위해서는 필연 고통의 가시밭길을 걸어야 하는 게 인생의 법칙이다. 그러나 그 고통을 고통으로만 느끼는 사람은 불행하다. 그렇지만 이 시의 서정적 자아처럼 고통을 기쁨으로 바꾸는 지혜롭고 진실한 삶을 산다는 것은 얼마나 복되고 아름다운 삶이겠는가. 이러한 생각은 다음의 시에도 나타나 있다.

고통은
은총이다
고통 안에 있으면 나는 바르다.

고통이 없으면
영광이 없다.

고통이 없으면
그분을 찾지 않는다.

고통이 나에게 없다면
그 분을 만날 수 없으리라
아 ! 그 고통의 신비여

—「고통」 부분

'고통'은 자아를 성숙시키고 행복에 이르게 하는 묘약이기 때문에 그것은 은총이며 영광이라고 서정적 자아는 말하고 있다. 고통이 없으면 신을 찾지 않기 때문에, 고통이 그 분을 만나게 해주는 신비로운 것임을 간파하고 있다. 그러니까 고통이 곧 행복이라는 역설 속에서 신앙까지도 고통의 결과임을 말하고 있는 것이다. 이러한 깨달음의 결과로서 김 시인은 고통스럽지만 보람과 행복을 느끼는 '사람 사랑'의 길로 나아가 헌신적으로 실천하는 삶을 살아가는 것으로 추단된다.

"잘 지내셨어요?"
"추운데 수고 많으시네요."

도시락을 전달하며 오가는 수인사에
따뜻한 바람이 일렁인다.

아파트5층 계단을 뒤돌아서
또박 또박 내려오는 발길 뒤엔
노인의 마음도 따라오는 듯
좀처럼 문 닫는 소리가 들리지 않는다.

—「독거노인」 부분

여름날 누렇게 익은 밀밭에 섞여 있는
가라지를 뽑지 못하는 주인 이야기를
들려주었다.

독거노인이 오래 오래 쏟아내는
슬픈 이야기를
끄덕이며
말벗이 되어 주었다.

—「어느 독거노인의 고백」 부분

자세히는 알 수 없지만 독거노인과 같은 불우한 처지에 있는 사람들을 위한 봉사활동을 하고 있는 것으로 추측할 수 있는 단서를 제공해 주는 시들이 여기저기 보인다. 또한 가까운 사람들과의 관계에서도 그의 따뜻한 사랑은 맑고 밝게 타오르는 것을 볼 수 있다. 본인보다 젊었던 시의 스승이었던 작고한 이재호 시인에 대한 존경과 사랑의 뜨거움은 필자가 여러 번 보아온 일이다. 「병문안」이라는 시에서는 '사랑은 주체할 수 없는/ 눈물'이라고 흐느끼던 시인은 그 스승과 사별하게 되자 '참/ 너무 하시다/ 욕심이 많으시다'(「그리움의 강가에서 1」)며 신을 원망하기까지 한다. 그리고 그 그리움의 끈을 놓지 못하고 있는 것이다.

세월이 무너져도 못 잊을 그 사랑
밤하늘의 별을 보며
홀로 울었습니다.

임은
무슨 작은일 하나에도
사랑의 이름표를 다셨지요
임은
머흐러 뵈는 사랑을
노래하며 그리워 하셨지요
임은
가셨어도 우리 곁에
촛불처럼 타고 계시지요

—「그리움의 강가에서 2」 부분

우리는 김홍수 시인의 시편들을 읽으면서 그가 얼마나 넓고 깊게 사람들을 사랑으로 대하면서 살아가는 진실하고 따뜻한 성품의 소유자인지를 확인하게 된다. 노익장의 사랑이 "어려울수록 굳세어야 하며 늙을수록 건장해야 하는" 진정한 대장부의 삶을 『아직은 불꽃으로』으로 형상화한 것이다. 그것은 낭만적이고 동반자적인 사랑을 피워 올린 청년의식의 결과이고, 가슴에 꽉 찬 기독교의식 동력화이며, 사람을 사랑하는 진정한 자아의식 융합화라 할 것이다.

아직은 불꽃으로

김홍수 시집

발 행 일 | 2016년 7월 5일
지 은 이 | 김홍수
발 행 인 | 李憲錫
발 행 처 | 오늘의문학사
출판등록 | 제55호(1993년 6월 23일)
주　　소 | 대전광역시 동구 대전로 867번길 52(삼성동 한밭오피스텔 401호)
전화번호 | (042)624-2980
팩시밀리 | (042)628-2983
홈페이지 | http://www.lito77.co.kr(홈페이지)
전자우편 | hs2980@hanmail.net

공 급 처 | 한국출판협동조합
주문전화 | (070)7119-1741~2
팩시밀리 | (031)944-8234~6

ISBN 978-89-5669-762-8
값 9,000원

* 이 책은 한국문화예술위원회, 충청북도, 충북문화재단의 지역협력형 사업으로 지원받아 발간되었습니다.

* 이 책은 ㈜교보문고에서 E-Book(전자책)으로도 제작 · 판매합니다.
* 잘못 제작된 책은 바꾸어 드립니다.